W0344160

Liebe Mädchen und Jungen!

Dieses Rechtschreibheft will euch helfen, eure Leistungen in der Rechtschreibung zu verbessern. Wenn ihr mit Ausdauer regelmäßig übt, lernt ihr, wie die Wörter richtig geschrieben werden. Einige Wörter werden besonders geübt. Das sind die Lernwörter. Das Üben dieser Lernwörter macht zwar Mühe und erfordert Anstrengung, doch wenn man Erfolg hat oder wenigstens kleine Fortschritte sieht, macht es Spaß.

Damit euch die Arbeit Freude macht, ist das Heft abwechslungsreich gestaltet. Ihr findet Rätsel und Reime, Spiele mit Wörtern und kleine Texte. An bestimmten Lernwörtern könnt ihr die Regeln der Rechtschreibung lernen (z. B.: Nach einem kurzen Selbstlaut verdoppeln sich die Mitlaute ll, mm, ss usw.). Am Ende einer jeden Übung tragt ihr die Lernwörter in eine Tabelle ein. Hier könnt ihr auch eigene Lernwörter oder verwandte Wörter, die ihr selber gefunden habt, ergänzen. Außerdem könnt ihr euch eine eigene Lernwörterkartei aufbauen. Zwei lustige Figuren, der Fuchs und der Dachs, wollen eure Freunde sein und euch die Arbeit mit Witz und lustigen Einfällen erleichtern.

In jedem Schuljahr kommen neue Lernwörter dazu. So baut ihr euch selber einen Grundwortschatz auf, den ihr am Ende eurer Grundschulzeit sicher beherrscht.

Wichtig für euch ist, dass ihr selbst prüfen könnt, ob ihr eure Wörter richtig geschrieben habt. Dazu müsst ihr im Anhang nachschlagen, wo ihr alle Lernwörter – nach dem Alphabet geordnet – schnell finden könnt. Schlagt aber erst nach, wenn ihr mit der Aufgabe fertig seid.

Nun viel Spaß und guten Erfolg bei der Übung

euer Autor

Edmund Wetter

Druckschrift
Bestell-Nr. 2400-43. ISBN 3-619-24430-0

Auflage 6 5 4 3
Jahr 2014 2013 2012 2011

Internetadresse: www.mildenberger-verlag.de
E-Mail: info@mildenberger-verlag.de
Grafische Gestaltung: Klaus Hermann, Unna.
Druck: Kehler Druck GmbH & Co. KG, 77694 Kehl
Gedruckt auf umweltfreundlichen Papieren.

Übung macht den Meister

2. Schuljahr

In dieser Reihenfolge sind die Buchstaben im Alphabet geordnet.

1. Schreibe den dazugehörigen kleinen Buchstaben unter den großen Buchstaben.

A	B	C	D	E	F	G	H	I
J	K	L	M	N	O	P	Qu	R
S	T	U	V	W	X	Y	Z	

2. Hier fehlen Buchstaben.
Setze die fehlenden Buchstaben ein.

Große Buchstaben

A	B	C			F			I	J			
N		P		R					W			Z

Kleine Buchstaben

		c		e		g		i			l	
	o			r	s					x		

A

B

C

D

E

F

G

H

I

J

K

L

M

N

O

P

Qu

R

S

T

U

V

W

X

Y

Z

Namen ordnen

1. Ordne die Namen der Kinder nach dem Alphabet.

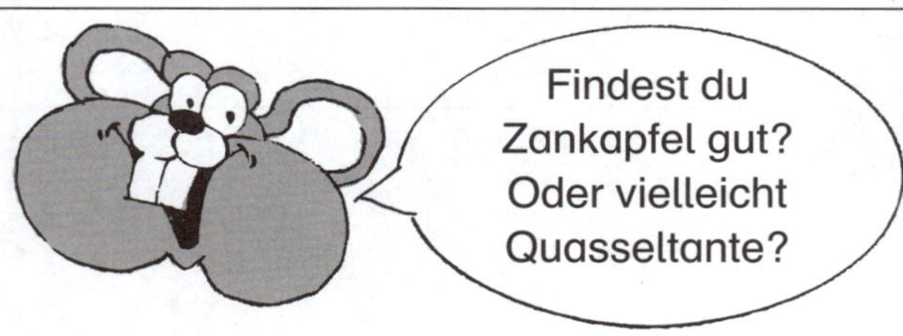

Namenliste unserer Klasse

Ein Jungenname wird gesucht

1. Sucht die vier Gegenstände, die hier versteckt sind.
Malt sie bunt.
Schreibt sie geordnet nach dem Alphabet untereinander.
Lest die Anfangsbuchstaben von unten nach oben,
dann kennt ihr das Lösungswort.

Das Gewitter

Der Wind treibt dunkle Wolken heran.
Nun bl□tzt und d□nnert es. Die ersten
Regentropfen f□llen herab. Mutter r□ft:
„St□ll dich nicht ans Fenster!"

1. Schreibe den Text ab und setze die fehlenden Selbstlaute ein.
2. Schreibe die eingesetzten Buchstaben auf.

3. Ordne sie nach dem Alphabet.

□lrich	□nge	□tto	□rich	□gnes
□laf	□ta	□ngrid	□nke	□rnst
□nna	□lga	□li	□lsa	□nga
□ris	□nja	□mil	□we	□rtrud

4. Ordne die Namen nach den Anfangsbuchstaben in die Tabelle ein.

A	E	I	O	U

A E I

O U

a e i

o u

1. Schreibe die fehlenden Buchstaben in die Lücken.

2. Schreibe einige Gegenstände aus deinem Klassenraum auf.
Der schlaue Fuchs hilft dir.
Leider hat er einige Mitlaute vergessen.
3. Setze die fehlenden Mitlaute in die Lücken ein.

Ta_el

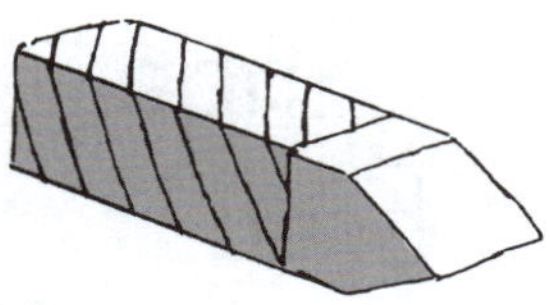

K_ei_e

Sch_amm

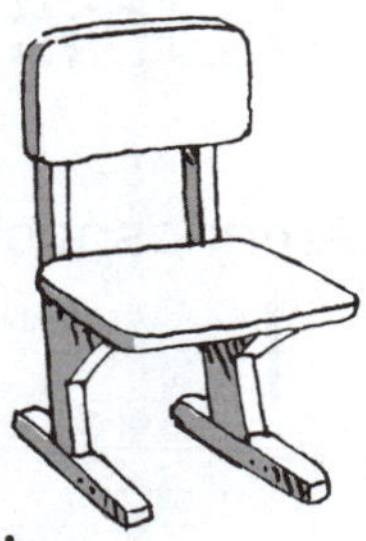

Stuh_

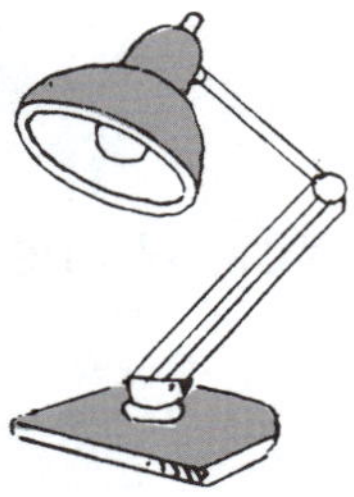

Lam_e

_uch

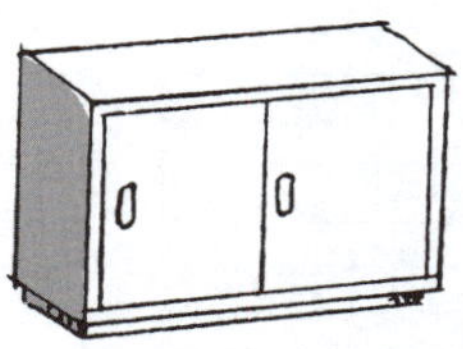

Schra_k

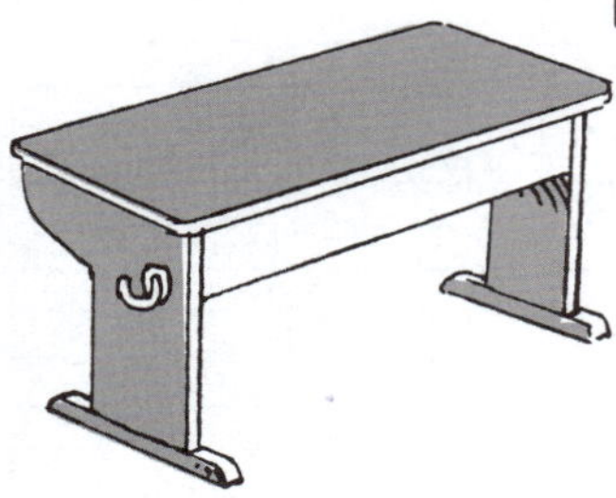

_isch

Geburtstag

Paula hat Geburtstag.
Auf dem Tisch brennen die Kerzen
und liegen die Päckchen.
Paula pustet die Kerzen aus.
Plötzlich klingelt der Postbote an der Tür.
Er bringt ein Paket für Paula.
Sie packt das Paket aus.
Sie lässt das Papier fallen und ruft:
„Prima, ein paar Puppen für mein Puppenhaus!“

1. Unterstreiche die Wörter, die mit einem P (p) beginnen.
2. Schreibe diese Wörter als Lernwörter in die erste Spalte der Wörterliste.

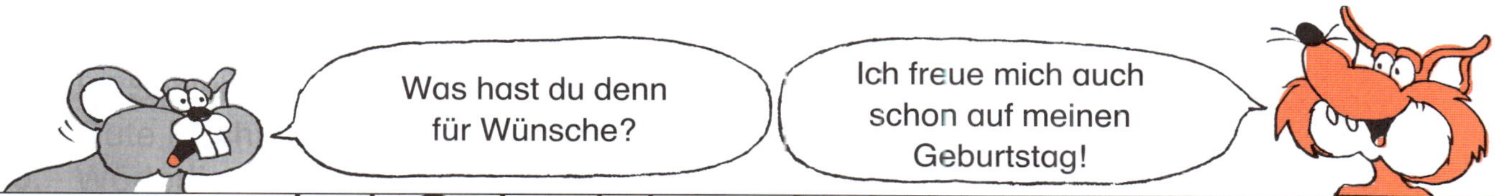

______ hat Geburtstag. Auf dem Tisch
brennen die Kerzen und liegen die ______.
______ ______ die Kerzen aus.
______ klingelt der ______ an der Tür. Er bringt
ein ______ für ______. Sie ______ das
______ aus. Sie lässt das ______ fallen und
ruft: „______
______!“

3. Trage die fehlenden Wörter ein.

Wortrahmen

4. Findest du die Wörter aus dem Text, die in die Rahmen passen?
Schreibe sie in die Wortrahmen.

_ _ bur _ _ _ _ _ _ _ _ z _ _ _ _ _ in _ _ _

_ _ in _ _ _ _ ss _ _ gen

5. Schreibe auch diese Wörter als Lernwörter in die erste Spalte der Wörterliste.

Silbenrätsel
Wünsche der Kinder zum Geburtstag

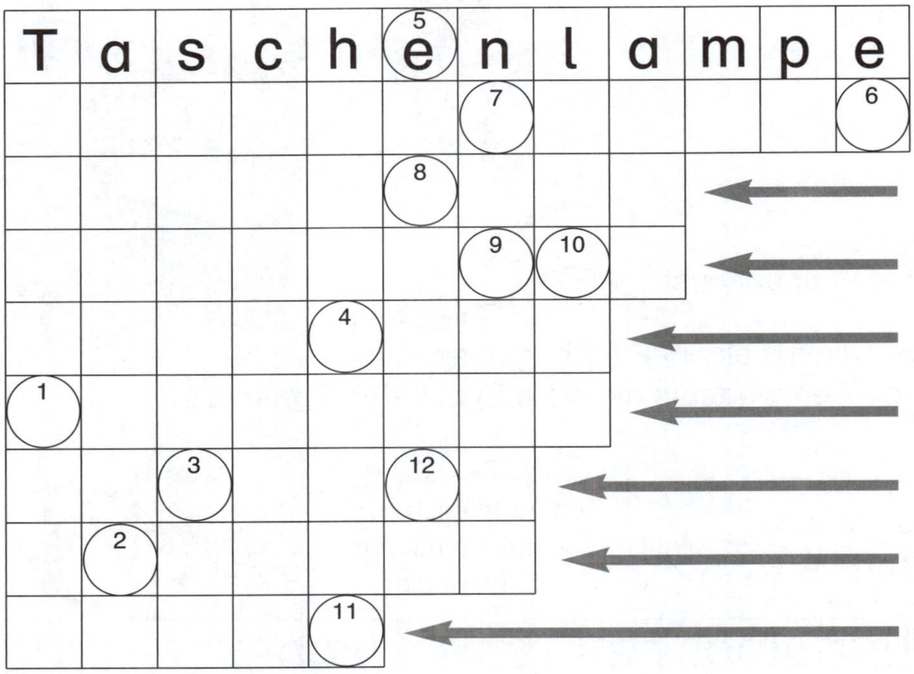

~~Ta-~~	gei	~~pe~~
Bas-	~~lam~~	pe
Luft-	map	rad
Heft-	ne	pum
Trom-	pa	sau
Klapp-	pa	~~schen~~
Po-	pe	tel
Pa-	pe	te
Wip-	pier	pe

Lösungswort:

1. Setze die Silben richtig zusammen und trage die Wörter in den Rätselkasten ein. Wenn du die nummerierten Buchstaben in der richtigen Reihenfolge aufschreibst, findest du das Lösungswort.

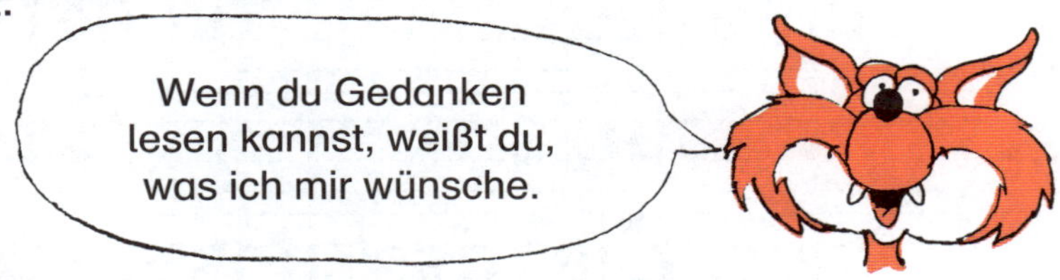

Zusammengesetzte Namenwörter

2. Suche die Wörter zu den Bildern in deinem Wörterbuch. Diese Wörter wachsen mit „Papier“ zusammen. Schreibe sie in dein Heft.

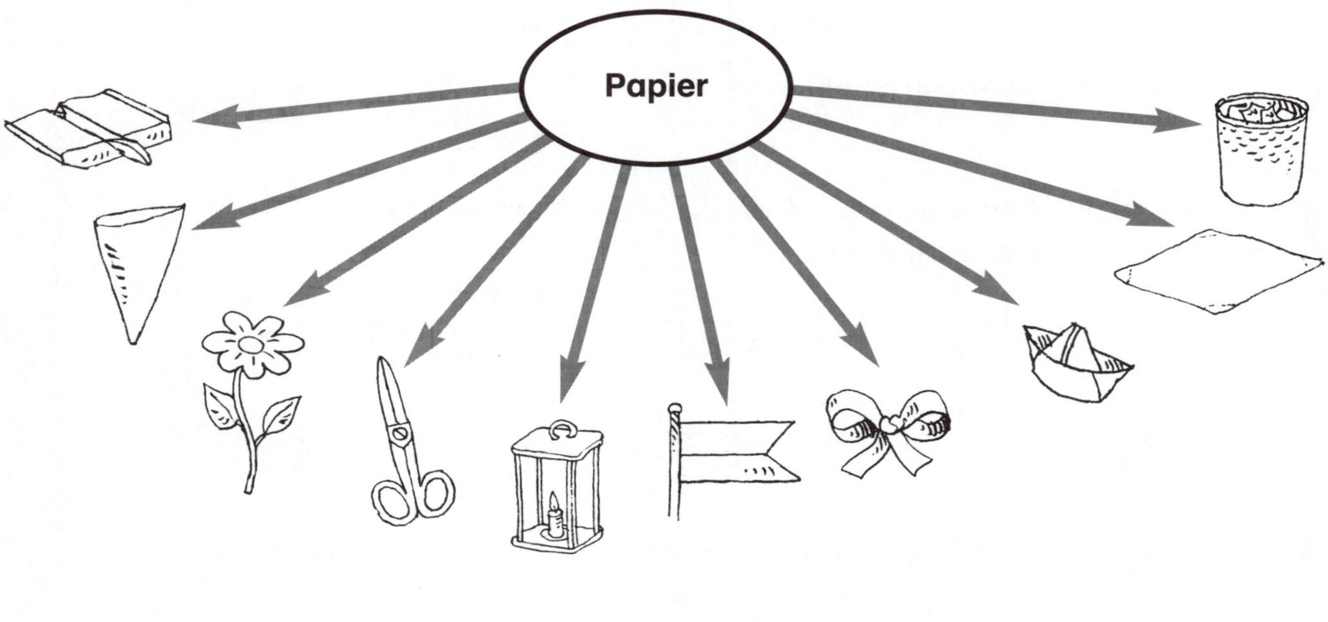

Wörterliste: Geburtstag

1. Trage die Lernwörter ein.	2. Ordne die Wörter aus Spalte 3 richtig zu.	3. Verwandte Wörter, die du in Spalte 2 zuordnen kannst.
		packen
		Paketschnur
		Geschenkpapier
		paarweise
		Puppenwagen
		Pusteblume
		Postkasten
		verpacken
		Stoffpuppen
		Paul
		prima
		plötzlich
		Geburtstagsgeschenk
		Kerzenhalter
		bringen
		Liegestuhl
		klingeln
		verlassen

Viele kleine Tropfen Regen
bringen unserer Erde Segen

In unserem Garten haben wir eine Tonne.
Darin sammelt sich das Regenwasser.
In einem Eimer trägt Toni das Regenwasser
zu seinen Tomatenpflanzen.
Die Erde ist sehr trocken.
Heute muss er tüchtig gießen. Aber er kann auch
einige rote Tomaten ernten.

1. Unterstreiche die Wörter, die mit einem T (t) beginnen oder im Wortinnern mit t geschrieben werden.

2. Schreibe diese Wörter als Lernwörter in die erste Spalte der Wörterliste.

Wörterschlange

R W E
s s m
g k

3. Schreibe die Wörter in der Wörterschlange ab. Auch sie gehören zu den Lernwörtern. Trage sie in die erste Spalte der Wörterliste ein.

Lernwörter

4. Findest du die Lernwörter? Schreibe sie in die Wortrahmen.

d mm h ss ie

nn rt T

om ck

Zusammengesetzte Namenwörter

1. Bilde möglichst viele Namenwörter, die mit „Regen“ zusammenwachsen.

Regen

Verkehrte Welt

- ◯ Eine ist Garten dem in Tonne.
- ◯ Das Regenwasser Tonne sammelt der in sich.
- ◯ Die Tomatenpflanze gießt Toni.
- ◯ Toni rote Tomate eine erntet.
- ◯ Die Tomate legt den Tisch auf Toni.

2. Was ist hier verkehrt? Kreuze an. Schreibe alle Sätze richtig auf.

Namenwörter, die sich reimen

Worte Wanne Keller Fisch Sonne Zopf

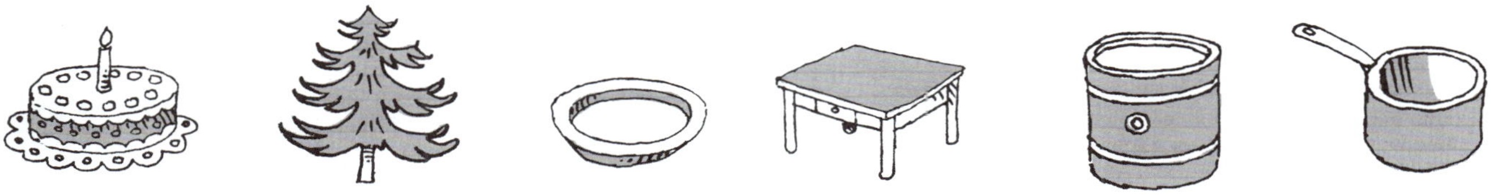

3. Schreibe die Reimwörter. Sie beginnen alle mit (T).

Wörterliste: Viele kleine Tropfen Regen

1. Trage die Lernwörter ein.	2. Ordne die Wörter aus Spalte 3 richtig zu.	3. Verwandte Wörter, die du in Spalte 2 zuordnen kannst.
		Wassertropfen
		Regentonne
		Tomatenernte
		Tomatensoße
		Tüchtigkeit
		er erntet
		Gartenzaun
		tragen
		Trockenblume
		Blumenerde
		du musst
		Anton
		heute Mittag
		rostrot
		Regenschirm
		Wasserhahn
		Sammlung
		sehr gut
		Gießkanne
		du kannst

Im Laden

In dem kleinen Dorf ist ein kleiner Laden.
Laura steht dort mit ihrem Bruder.
Dieter darf sich einen Drachen aussuchen.
Er findet einen besonders bunten.
Eine freundliche Dame schenkt ihm dazu
eine Rolle mit einem langen Faden.

Dieter sagt: „ … !“

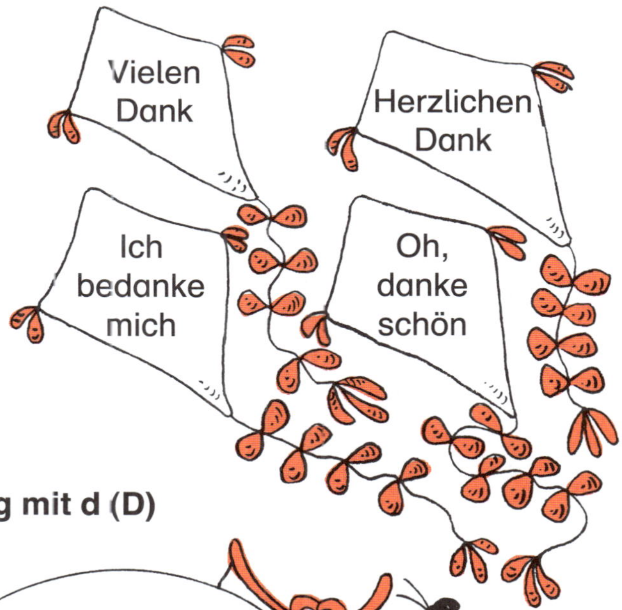

1. Erzähle die Geschichte zu Ende.

Wörter, die im Wortinnern oder am Wortanfang mit d (D) geschrieben werden.

_em, La_en, Bru_er, _arf, fin_et, _orf, _ort,
_ieter, _rachen, _ame, beson_ers, _azu, Fa_en,
_anke, freun_lich, _ank, be_anken

2. Schreibe in diese Wörter den fehlenden Buchstaben hinein.
Pass auf, denn einige Wörter beginnen mit einem großen „D“.

3. Trage diese Wörter als Lernwörter in die erste Spalte der Wörterliste ein.

In kleinen ist ein kleiner .

Laura steht mit ihrem .

sich einen aussuchen.

Er einen bunten.

Eine schenkt ihm eine

Rolle mit einem langen .

sagt: „ !“

4. Trage die fehlenden Wörter in den Text ein. Zum Schluss schreibe auf, wie Dieter sich bedankt. Du findest Vorschläge oben in den Drachen.

Der Drachen

Draußen bindet Dieter seinen Drachen am Ende des Fadens fest. Dann laufen die Kinder zu einer großen Weide. Dort will Dieter seinen Drachen steigen lassen. Aber er stürzt immer wieder auf die Erde. Laura schaut zu.

Endlich bittet er das Mädchen: „ …“

Laura antwortet: „ …“

Nun fliegt der Drachen hoch.

1. Fülle die Sprechblasen aus.

2. Unterstreiche in dem Text die Wörter, die mit einem d (D) beginnen oder im Wortinnern mit (d) geschrieben werden.

3.  Schreibe die Geschichte in dein Heft. Vergiss nicht auch den Text, der in der Sprechblase steht, abzuschreiben. Er gehört nun zur Geschichte.

Wörter, die mit D beginnen, fehlen in den Sätzen.

Wir klettern auf das

Wir spielen mit dem

Wir suchen unseren

Wir finden eine

Wir liegen auf der

Wir laufen durch das

Wir bedanken uns bei der

Wir verfolgen den

4. Trage die fehlenden Wörter in die Sätze ein.
Diese Wörter helfen dir: Dieb, Dackel, Dorf, Dach, Decke, Drachen, Dame, Dose

Die Kinder rufen:

1. Schreibe auf, was die Kinder rufen. Gib den Kindern Namen.

Beispiel: Laura ruft: „Darf ich den Drachen auch einmal halten?“

2. **Hier sind die Wörter in den Sätzen durcheinander.**
Schreibe alle Sätze richtig.

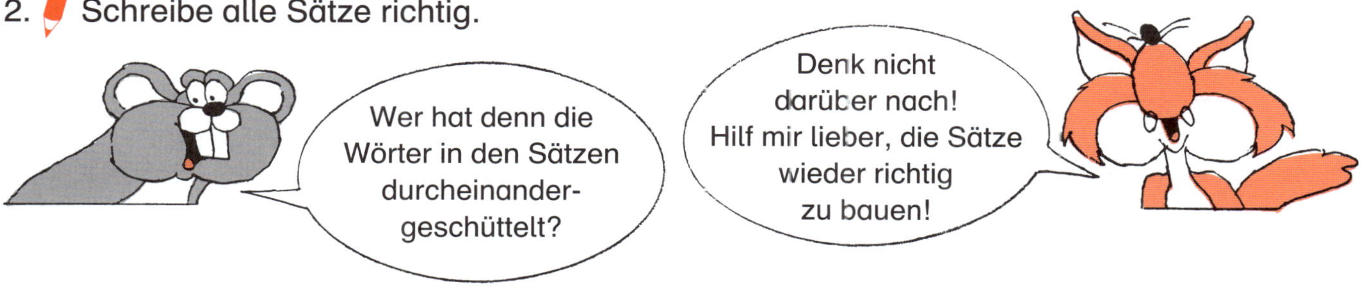

In ist ein dem Dorf kleiner Laden.

Dort Laura Dieter sich und dürfen Drachen einen aussuchen.

Die Kinder beiden besonders Drachen bunten kaufen einen.

Draußen Freunde ihre schon warten Weide auf der.

1. Trage die Lernwörter ein.	2. Ordne die Wörter aus Spalte 3 richtig zu.	3. Verwandte Wörter, die du in Spalte 2 zuordnen kannst.
		Dietmar
		Besonderheit
		Zwillingsbruder
		wir finden
		dorthin
		damenhaft
		Wollfaden
		Freundschaft
		er dankt
		verdanken
		Dankgebet
		dazugehören
		Papierdrachen
		Dorfstraße
		du darfst
		Ladenbesitzer

Zähne, Zähne

Heute kommt die Zahnärztin in die Schule.
Sie untersucht die Zähne der Kinder.
Viele Kinder sind aufgeregt.
Alle haben heute Morgen ihre Zähne besonders gründlich geputzt.
Einige haben Angst vor der Untersuchung.
Doch die Zahnärztin ist nett.
Sie beruhigt die Kinder.
Nach der Untersuchung bekommen alle eine Zahnbürste, Zahncreme und einen Zahnbecher.

Lernwörter

Zähne, Zahnbürste, Zahncreme, Zahnärztin, geputzt, beruhigt, kommt, viele, besonders, Angst, nett, heute Morgen, aufgeregt, untersucht, Untersuchung, gründlich

1. Unterstreiche die Lernwörter und schreibe sie in die erste Spalte der Wörterliste.

Mit den Lernwörtern ein Rätsel lösen

G	E	P	U	T	Z	T				geputzt
	A			Ä						die
	N									die
H										
G					L					
				B				T	E	die
				H			T			
Z							M	E		die
				E						die
	E									

Der Zahnarzt | U | | | | | | | | | | die Zähne.

Lösungswort

2. Trage die Lernwörter an der richtigen Stelle in den Rätselkasten ein.
Schreibe die Wörter auch am Rand auf die Linien.
Die eingerahmten Buchstaben ergeben das Lösungswort.

Lernwörter aufschreiben

ter epu ne

o A et

ere n te b

1. Schau dir die Wortrahmen genau an. Welches Wort passt hinein?
Schreibe das passende Wort in den Wortrahmen.

Zusammengesetzte Namenwörter

Blume

~~Becher~~

Lücke

Bürste

Creme

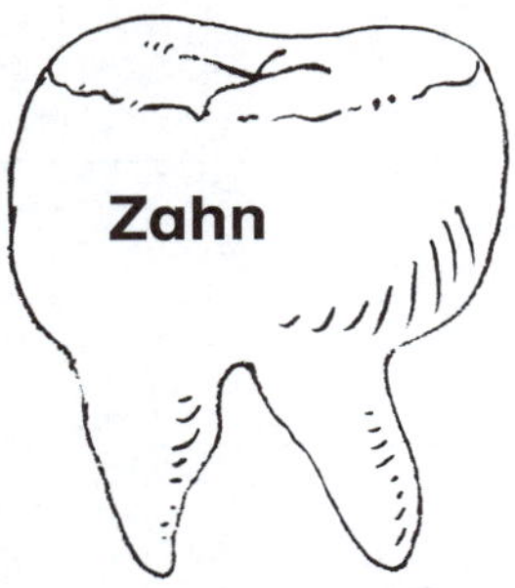

Stein

Arzt

Fleisch

Ärztin

Garten

Wurst

Schmerzen

Zahnbecher

2. Bilde mit den Wörtern zusammengesetzte Namenwörter, indem du „Zahn“ mit einem anderen Wort zusammenfügst. Aufgepasst, denn es passen nicht alle Wörter!

So putzt du die Zähne richtig!

Ich

Ich

Ich

Ich

1. Die folgenden Sätze passen zu den Bildern. Du musst sie nur ein wenig ändern. Schreibe sie unter die Bilder.

Du streichst die Zahncreme auf die Zahnbürste. Du putzt die Zähne von oben nach unten. Du spülst den Mund aus. Du putzt deine Zähne von links nach rechts.

Was macht der Zahnarzt?

2. Schreibe das passende Tunwort in die Satzlücke.

bohren, untersuchen, ziehen, entfernen, erklären

Der Zahnarzt die Zähne.

Er den Aufbau eines Zahnes.

Er einen kranken Zahn.

Er den Zahnstein.

Er in einem kranken Zahn.

1. Trage die Lernwörter ein.	2. Ordne die Wörter aus Spalte 3 richtig zu.	3. Verwandte Wörter, die du in Spalte 2 zuordnen kannst.
		Zahn
		bürsten
		eincremen
		Zahnarzt
		putzen
		beruhigen
		kommen
		sehr viele
		Besonderheit
		ängstlich
		netter
		heute Abend
		aufregen
		Untersuchung
		untersuchen
		Grund

Klaus ist behindert

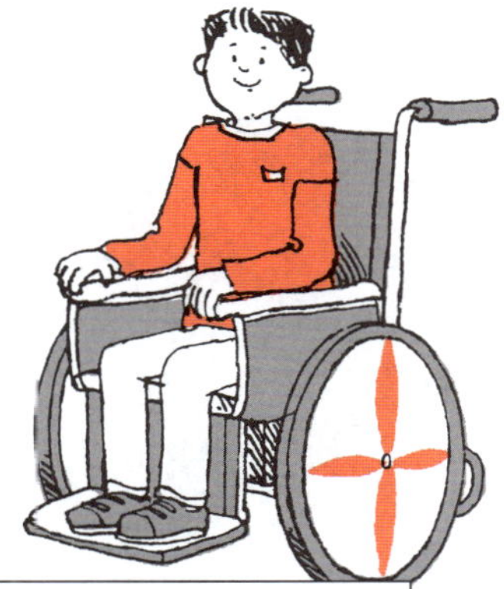

Seit dem ersten Schuljahr ist Klaus in unserer Klasse.
Er spricht und spielt mit uns.
Er lacht und ist traurig wie wir.
Er kann aber nicht laufen.
Klaus sitzt im Rollstuhl.
Er ist behindert.
Beim Sportunterricht durften wir alle einmal
mit seinem Rollstuhl fahren.

Lernwörter: Schuljahr, erste, seit, spielt, behindert, Rollstuhl, einmal, sitzt, fahren, spricht, Sportunterricht, traurig, lacht, Klasse, durften

1. Kreise die Lernwörter im Text ein. Schreibe sie in die erste Spalte der Wörterliste.

_ _ _ _ _ d e r _   _ _ r i _ _ _   _ _ l l _ _ _ _ _

_ _ _ s s _   _ _ _ _ _ e n   _ _ _ _ r i _

2. Welches Wort passt in den Wortrahmen?
Schreibe das Wort in den Wortrahmen.

_ _ c h _   _ _ t _ _

Zusammengesetzte Namenwörter

3. Aus diesen Wörtern setze neue Wörter zusammen.
Du kannst auch Teile mehrfach benutzen.

~~Schul~~ – Kinder – ~~Jahr~~ – Rosen – Garten – Roll – stuhl – Schuhe

Schuljahr,

Silbenrätsel

Roll- jahr ter   Schul- stuhl un   Klas- richt se   Sport-

									1					
						S				2		3		
S					4									
						R				5				

Lösungswort: _ _ _ _ _

4. Bilde aus den Silben 4 Namenwörter, die du auch im Text oben finden kannst.
Schreibe die Wörter in den Rätselkasten.
Die nummerierten Buchstaben ergeben das Lösungswort.

Wörter mit Spr oder spr am Wortanfang

	Tunwörter	Namenwörter
________ung		der________
________ühen	________	
________echen	________	
________ache		die________
________itzen	________	
________itze		die________
________udel		der________
________ingen	________	

1. Alle Wörter beginnen mit (Spr) oder (spr). Schreibe die fehlenden Buchstaben vor die Wortbausteine. Entscheide, ob das Wort ein Tunwort oder ein Namenwort ist. Schreibe dann das Wort in die richtige Spalte.

Viele haben eine Behinderung

Klaus ist ________

Er kann nicht ________

Er braucht einen ________

Maria ist ________

Sie kann schlecht ________

Sie braucht eine ________

Udo ist ________

Er kann schlecht ________

Er braucht ein ________

Eva ist ________

Sie kann schlecht ________

Sie braucht ________

- hörbehindert, hören, Hörgerät
- körperbehindert, laufen, Rollstuhl
- sprachbehindert, sprechen, Sprachunterricht
- sehbehindert, sehen, Brille

2. Schreibe diese Wörter oben in die Sätze.

Lückentext

Seit dem ______________________ Schuljahr ist Klaus in unserer ______________________.

Er ____ nicht laufen.

Er ____ im Rollstuhl.

Er ist ______________________________________.

Klaus lacht und ist _________________________ wie wir.

1. Setze die fehlenden Wörter ein. Schau im Text nach.

Alles Unterricht!

Sport -

Kunst - Unterricht — Kunstunterricht

Musik -

Sprach(e) -

Sach(e) -

Mathematik -

2. Setze alle Wörter mit „Unterricht" zusammen und schreibe sie auf.

Wörter mit Sp oder sp am Wortanfang **Tunwörter** **Namenwörter**

______ ort		der ______
______ ielen	______	
______ aß		der ______
______ ucken	______	
______ inne		die ______
______ ülen	______	
______ iel		das ______
______ aren	______	
______ inat		der ______

3. Alle Wörter beginnen mit (Sp) oder mit (sp). Schreibe die fehlenden Buchstaben vor die Wortbausteine und entscheide, ob das Wort ein Tunwort oder ein Namenwort ist. Schreibe dann das Wort in der richtigen Spalte auf die Linie.

Wörterliste: Klaus ist behindert

1. Trage die Lernwörter ein.	2. Ordne die Wörter aus Spalte 3 richtig zu.	3. Verwandte Wörter, die du in Spalte 2 zuordnen kannst.
		Neujahr
		im ersten Schuljahr
		seit zwei Jahren
		Behinderung
		Fahrstuhl
		Klassenlehrer
		zweimal
		sitzen
		sprechen
		er fährt
		dürfen
		Sprachunterricht
		Trauer
		lachen
		Mitspieler

Erntedank

Es ist Oktober.
Die Klasse 2 feiert Erntedank in der Schule.
Die Eltern haben aus Stroh einen
Erntekranz gebunden.
Alle Kinder haben etwas mitgebracht.
Auf dem Tisch stehen kräftiges, braunes
Brot und knusprige Brötchen, rote Äpfel
und saftige Birnen, süßer Honig
und gelbe Butter.

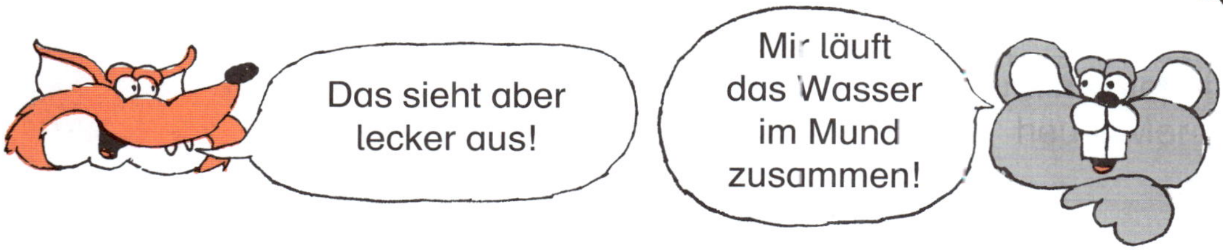

Lernwörter

Oktober, Erntedank, Erntekranz, Klasse, Eltern, Stroh, Honig, Äpfel, Brötchen, Butter, Birnen, feiert, stehen, kräftig, knusprig, saftig

1. Kreise die Lernwörter in der Geschichte ein.
Schreibe die Lernwörter in die erste Spalte der Wörterliste.

Wir bauen die Wörter wieder zusammen

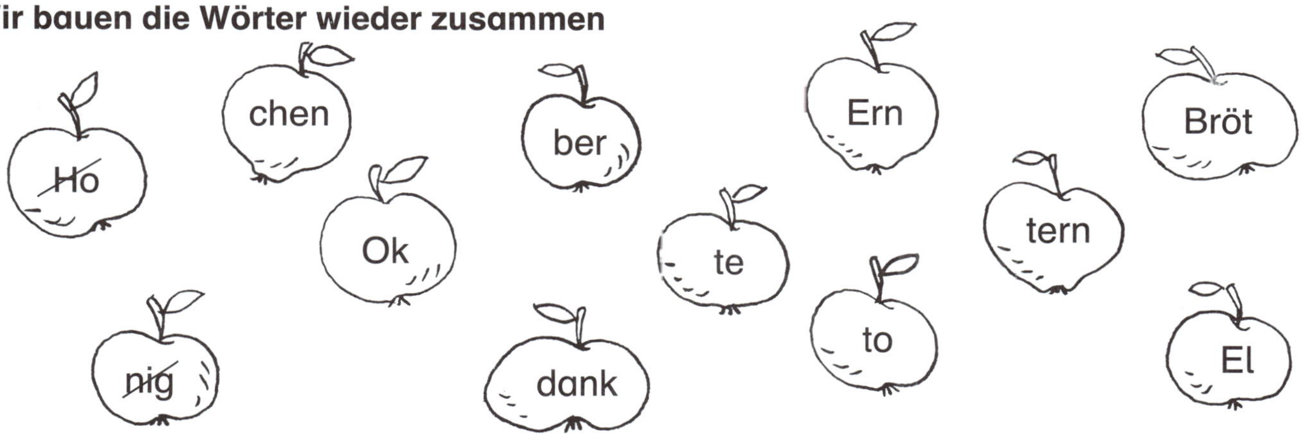

Honig

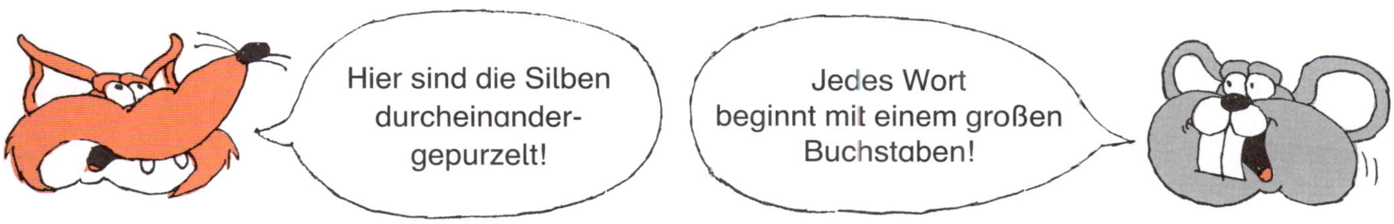

2. Bilde mit den Silben Wörter und schreibe sie auf die Linien.

Hier sind die Wörter in den Sätzen durcheinandergepurzelt

Klasse feiert Die Fest ein

binden Die einen Erntekranz Eltern

Kinder Die haben Sachen mitgebracht viele

alles hängen Sie Erntekranz an den

1. Schreibe die Sätze richtig auf.

Was gehört an den Erntekranz ?

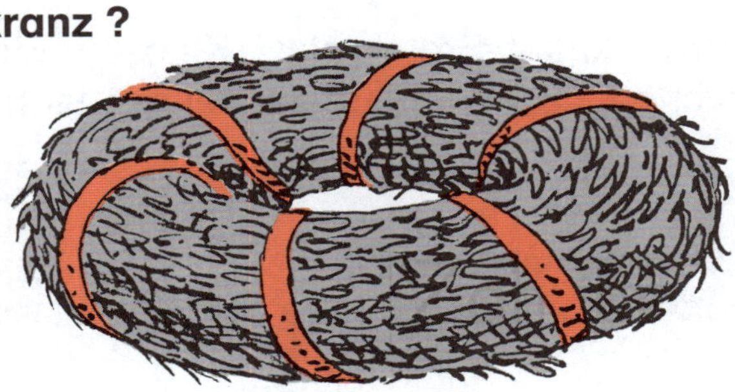

Brot, Birnen, Heft, Möhren, Trauben, Gurke, Tisch, Äpfel

2. Streiche die Dinge durch, die nicht an den Erntekranz gehören.
Schreibe das Wort, das zu dem Bild passt, unter das Bild.
Aufgepasst! Es passen nicht alle Wörter.

Wörter gesucht

B ö   ut   o   to

E   rn   ss   f

k   ig   ei

3. Schreibe die Wörter in die Wortrahmen.

Hier ist alles verwischt

Es ist O to er.
In der ule f ert
die Kl e Ernteda .
Aus Str haben die tern
einen E te anz gebunden.
Alle K der haben etwas mit bracht.
Auf dem isch st en äftiges,
aunes ot, usprige ötchen,
rote pfel und saf ge Birn ,
süß Hon und gelbe B er.

1. Trage die fehlenden Buchstaben in die Wörter ein.

2. Lass dir den Text in zwei Abschnitten diktieren.

Wörterliste: Erntedank

1. Trage die Lernwörter ein.	2. Ordne die Wörter aus Spalte 3 richtig zu.	3. Verwandte Wörter, die du in Spalte 2 zuordnen kannst.
		Strohkorb
		Butterbrot
		Klassenzimmer
		Saft
		Kraft
		Birnbaum
		Feier
		Oktoberfest
		er steht
		Elternabend
		Honigbiene
		ernten
		Kränze
		knuspern
		Apfelbaum
		Brötchenkorb

Es wird Frühling

Im Garten blühen die Schneeglöckchen.
Grüne Spitzen von Osterglocken
und Tulpen brechen aus dem Boden.
Nun wird es Frühling.
Die Sonne scheint Ute warm ins Gesicht.
Der Ball liegt auf der Wiese.
Ute und Sabine haben gespielt.
Nun graben und harken sie.
Sie wollen Sommerblumen in ein
Frühbeet säen.

Lernwörter

Frühling, liegt, Spitzen, harken, Frühbeet, säen, blühen, Tulpen, Osterglocken, Gesicht, Sommerblumen, graben, wird, warm, Schneeglöckchen, Wiese, gespielt

1. Kreise die Lernwörter in der Geschichte ein.
Schreibe sie in die erste Spalte der Wörterliste.

Wörterschlange

F ____________ O ____________ T ____________

W ____________ B ____________ S ____________

2. Schreibe die Wörter, die in der Wörterschlange versteckt sind, in die Linien.

Findest du die Wörter?

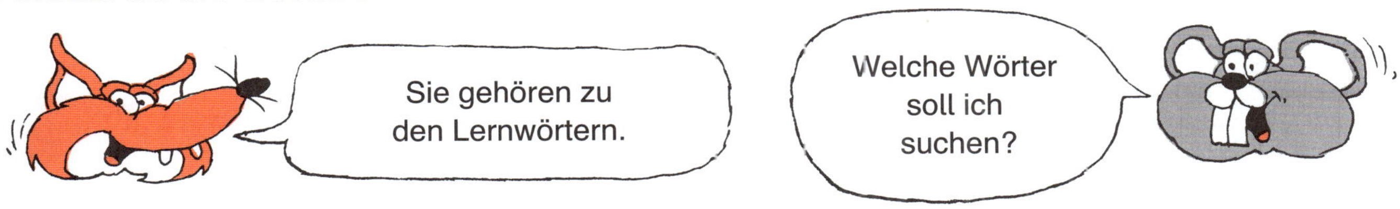

l _ _ _ _   _ _ h _ _   _ _ _ b _ _   wa _ _

wi _ _   _ _ itz _ _   _ ä _ _   G _ _ _ _ t

3. Schreibe die Lernwörter, die in die Wörterrahmen passen, in die Kästchen.

Kannst du die Silben wieder zu Wörtern zusammensetzen?

1. Setze die Silben zu Wörtern zusammen und schreibe sie auf.

glöck	mer	en	chen	blü	Som	gra	blu	sä	~~Schnee~~	
har	~~pen~~	Früh	ling	men	beet	ken	ben	hen	~~Tul~~	Früh

Tulpen, Schnee ...

Gartenarbeiten

2. Schreibe das Tunwort unter das passende Namenwort.

harken graben säen schneiden lockern

Hacke

Spaten

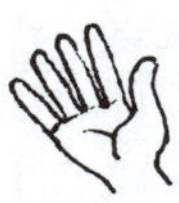
Hand

Harke

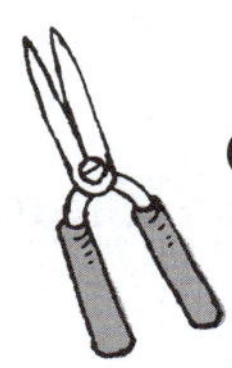
Gartenschere

Mit dem ______ ______ Vater den Boden um.

Mit der ______ ______ Sabine das Beet glatt.

Mit der ______ ______ Ute die Sommerblumen aus.

Mit der ______ ______ Mutter die Rosen.

Mit der ______ ______ Lorenz den Boden.

3. Ergänze die Sätze mit den passenden Wörtern.

Welches Wort passt?

Die Sonne hat uns ____________________ geweckt.

Am Sonntag sitzen wir alle zusammen beim __________________________________ .

Sabine sät die Sommerblumen ins ________________________________ .

Der __________________________ beginnt im März.

1. Hier findest du viele Wörter mit „früh“.
   Setze die passenden Wörter in die Satzlücken ein.

Frühstück, Frühsport, früh, Frühbeet, Frühjahr, Frühling, Frühsommer

Wörter wachsen mit Frühling zusammen

Blumen Fest Auto

Wetter Wiese

Sonne

Nase

Strauß

Lied

2. Schreibe die Wörter, die mit Frühling zusammenwachsen können, auf die Linien.
   Aufgepasst, denn zwei Wörter passen nicht!

Wörter, die mit (Schn) oder (schn) beginnen

der ________upfen der ________ee ________auben ________appen ________attern

________eiden die ________ecke der ________eider ________archen

die ________itte Brot die ________ur ________eien ________urren der ________abel

3. Trage (Schn) oder (schn) in die Wörter ein.

4. Schreibe die Wörter in dein Heft und ordne sie in zwei Gruppen (Namenwörter und Tunwörter).

1. Trage die Lernwörter ein.	2. Ordne die Wörter aus Spalte 3 richtig zu.	3. Verwandte Wörter, die du in Spalte 2 zuordnen kannst.
		liegen
		Frühjahr
		spitz
		Harke
		früh
		aussäen
		Frühblüher
		Schneemann
		Osterfest
		sehen
		Frühlingsblumen
		der Graben
		werden
		Wärme
		Frühlingswiese
		spielen
		Tulpenbeet

Unser Klassenbuch

Unsere Lehrerin hat ein Klassenbuch.
Da schreibt sie jeden Tag hinein, was wir gelernt haben.
Wir sollen auch ein Buch machen.
Aber es soll ein Buch mit Bildern und Geschichten werden.
Das Buch soll Bilder und Geschichten von Kindern
und Tieren, von Monstern und Puppen enthalten.

Lernwörter:

Klassenbuch, Geschichten, Bilder, schreibt, Kinder, gelernt, Tag, Lehrerin, wollen, unsere, Monster, Tiere, Puppen, fällt ein, mehr, enthalten

1. Kreise die Lernwörter im Text ein.
Schreibe sie in die erste Spalte der Wörterliste.

Alles Bücher

Ein Buch mit vielen Bildern ist ein

Ein Buch mit Geschichten ist ein

Ein Buch für Kinder ist ein

Das Buch, in das man jeden Tag schreibt, ist ein

Ein Buch, das von Tieren erzählt, ist ein

Ein Buch, in dem Märchen stehen, ist ein

Kinderbuch, Märchenbuch, Bilderbuch, Tierbuch, Tagebuch, Geschichtenbuch

2. Trage die fehlenden Wörter in die Sätze ein.

Lernwörter gesucht!

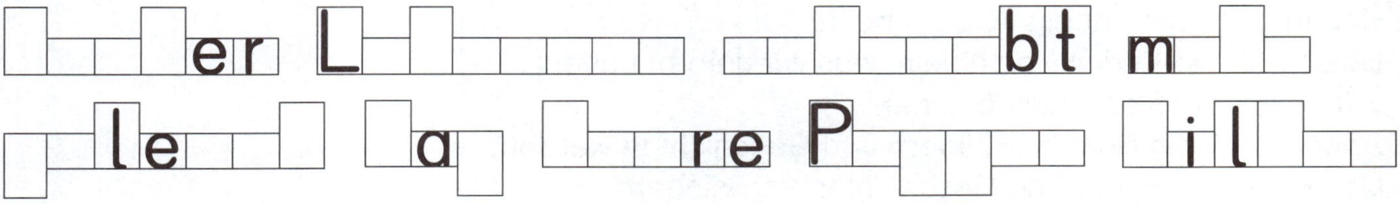

1. Welches Lernwort passt in den Wortrahmen? Schreibe es in die Kästchen.

Wörter mit (Schr) und (schr) am Wortanfang

________ank ________eiben ________ift ________aube ________eien

________itt ________anke ________auben

2. Schreibe (Schr) oder (schr) vor die Wortteile. Achte darauf, dass nur Namenwörter großgeschrieben werden.

Du kannst die Namenwörter finden, wenn du einen Begleiter für das Wort hast!

Viele Geschichten für unser Buch

Du kannst etwas **berichten, erzählen, erfinden, beschreiben, schreiben** oder dir **ausdenken**.

Deine Vorschläge gefallen mir!

3. Schreibe ein passendes Tunwort in die Satzlücken.
Du musst das Tunwort im Satz etwas verändern.
Der Fuchs hat dir Tunwörter vorgeschlagen.

Klaus ________ sich gern Geschichten für seine Stofftiere ________.

Sabine ________ von sich.

Eva malt Bilder und ________ dazu eine Geschichte.

Michaela ________ eine Geschichte von ihrem kleinen Bruder.

Frank ________ sein neues Fahrrad.

Tanja ________ eine Geschichte mit Gespenstern und Monstern.

Stefan ________ über den Besuch im Zoo.

Uwe ________ über seinen neuen Hund.

Eine Bildergeschichte

1. Ordne folgende Sätze den Bildern zu. Schreibe die Sätze unter die Bilder. Nicht alle Sätze passen zu den Bildern.

Klaus findet einen Teddy.
Die Sonne scheint.
Die Mutter kommt.
Der Teddy liegt hinter Vaters Auto.
Der Teddy hat eine schiefe Nase und ein Loch im Bauch.
Klaus weint laut.
Klaus und Sabine spielen mit ihren Stofftieren und Puppen im Garten.
Vater überfährt den Teddy.
Sie tröstet Klaus.

Diktat

Die Kinder der Klasse 2a schreiben ein Buch.
Klaus schreibt eine Geschichte von seinem Stoffbären.
Sabine malt dazu eine Bildergeschichte.
Tanja erfindet eine Geschichte von einem Monster.

2. Schreibe die Sätze auswendig. Lass dir die Sätze von deinem Partner diktieren.

1. Trage die Lernwörter ein.	2. Ordne die Wörter aus Spalte 3 richtig zu.	3. Verwandte Wörter, die du in Spalte 2 zuordnen kannst.
		unser
		lernen
		Klassenbücher
		Geschichte
		Puppe
		Kind
		Lehrer
		Tage
		Monsterbilder
		Bild
		Tier
		einfallen
		schreiben
		er will
		mehrere
		es enthält

Schnee

Es schneit. Alles wird weiß: die Hausdächer, die Straßen, die Gärten. Die Polster auf den Ästen der Tanne werden immer dicker. Die Kinder freuen sich. Auf dem Weg zur Schule bewerfen sie sich mit Schneebällen.

1. Unterstreiche alle Wörter, in denen du den Umlaut **ä** hörst.
2. Schreibe die Geschichte ab.

Namenwörter gesucht

ein Garten

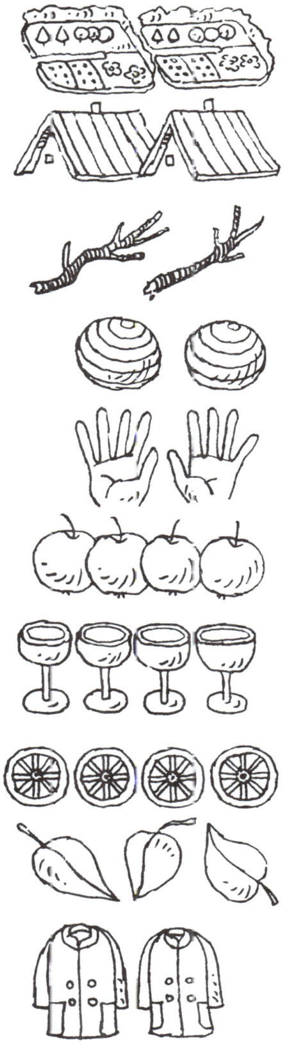

zwei Gärten

3. Suche die Namenwörter zu den Bildern.
Schreibe sie in der Einzahl und in der Mehrzahl.

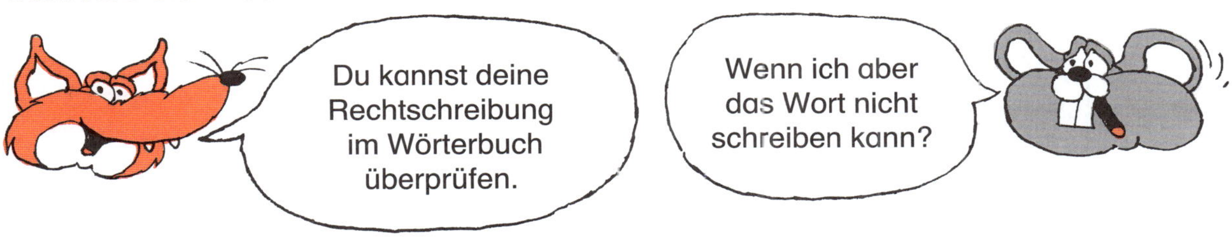

Schnee

Heute ____ es. Die ____, die ____.

die ____, alles wird ____.

Die Tanne hat dicke ____ auf den ____. Die Kinder lachen

und ____ sich mit ____.

1. Schreibe die fehlenden Wörter in die Textlücken.

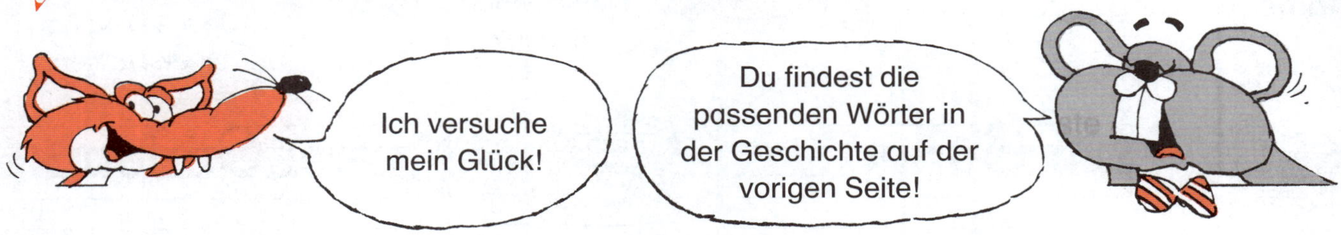

2. Schreibe diese Wörter als Lernwörter in die erste Spalte der Wörterliste.

Hast du ein gutes Gedächtnis?

3. Merke dir immer drei Wörter und schreibe sie auswendig.

Mit einem Blatt abdecken!

Schnee	____
Tanne	____
Kinder	____
dick	____
weiß	____
heute	____
lachen	____
schneit	____
bewerfen	____

Verwandte Wörter

4. Welche Wörter sind mit **„lachen“** verwandt? Kreise sie ein und schreibe sie dann in dein Heft.

Gelächter

gelächelt

Gekicher

Lacherfolg

lächeln

Kicherei

lacht

kichern

lächerlich

1. Trage die Lernwörter ein.	2. Ordne die Wörter aus Spalte 3 richtig zu.	3. Verwandte Wörter, die du in Spalte 2 zuordnen kannst.
		schneeweiß
		geschneit
		Schneemänner
		Astgabel
		Autodächer
		Schrebergärten
		Schneelawine
		Straßenbahn
		werfen
		Schneepolster

Obsternte

An den Bäumen lehnten lange Leitern. Darauf standen Vater und andere Männer. Sie pflückten die reifen Äpfel. Unten legten Mutter und andere Frauen das Obst in große Körbe.

1. Unterstreiche die Namenwörter in der Geschichte blau. Trage sie in die Wörterliste ein.

Einzahl	Mehrzahl
	die Bäume
	die Leitern
der Vater	
	die Männer
	die Äpfel
die Mutter	
	die Frauen
das Obst	
	die Körbe

2. Schreibe die fehlende Einzahl oder die fehlende Mehrzahl der Namenwörter in die Tabelle. Für ein Wort gibt es keine Mehrzahl.

3. Unterstreiche die Tunwörter in der Geschichte rot. Trage sie in die Wörterliste ein.

Namenwörter wachsen zusammen

Ernte Wiese Pflücker

Händler Korb Saft Salat

4. Schreibe die zusammengesetzten Namenwörter in dein Heft.

In der Schule

Der Lehrer ____________ die Tür.

Er ____________ die Kinder.

Die Kinder ____________ ihm einen guten Morgen.

Uta ____________ mit Birgit ein Diktat.

Hans ____________ an der Tafel eine Rechenaufgabe.

Dirk ____________ Markus beim Lesen.

Der Lehrer ____________ Martin eine Rechenaufgabe.

Ein Kind ____________ auf dem Schulhof.

Der Rektor ____________ den Stundenplan.

Welche Tunwörter fehlen denn in den Lücken?

Hier sind die fehlenden Tunwörter: **begrüßt, öffnet, erklärt, löst, übt, fällt, ändert, wünschen, stört.**

1. Setze die fehlenden Tunwörter richtig ein.

Schreibe die Sätze in dein Heft.
Unterstreiche die Wörter, die du eingesetzt hast.

Reimwörter

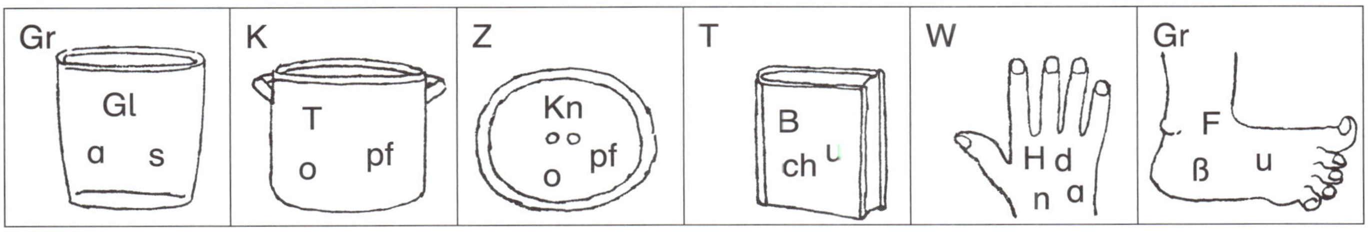

2. Wie heißen die Reimwörter? Schreibe sie in der Einzahl und in der Mehrzahl in dein Heft.

1. Trage die Lernwörter ein.	2. Ordne die Wörter aus Spalte 3 richtig zu.	3. Verwandte Wörter, die du in Spalte 2 zuordnen kannst.
		Obstbäume
		väterlich
		Falläpfel
		Hausfrauen
		Stuhllehne
		Marktstände
		sich legen
		Obstsalat
		Pflückobst
		Kartoffelkörbe
		Muttertag
		Weihnachtsmänner
		Leiterchen
		Getreideernte

Katze und Maus

Die Katze läuft hinter der Maus her.
Die Maus rennt weg.
Die Katze macht einen Satz und ist schon dicht hinter der Maus.
Die Maus verschwindet in den dunklen Sträuchern.
Sie versteckt sich hinter Bäumen und Zäunen.
Endlich findet die Maus in ihr Loch hinein.
Nun sitzt die Katze davor und wartet.

1. Unterstreiche die Wörter, in denen du ein **au** oder **äu** hörst!

… hinter der ____ her. Die ____
… macht einen ____ und ist schon dicht
… ____ . Die ____ verschwindet in den dunklen
____ . Sie versteckt sich hinter ____
und ____ . Endlich findet die ____ in ihr ____
hinein. Nun sitzt die ____ davor und wartet.

2. Schreibe die fehlenden Namenwörter in die Satzlücken.

3. Trage die Wörter in die Wörterliste ein.

Grundform gesucht

4. Schreibe zu jedem Wort die Grundform.

sie läuft	laufen	sie verschwindet	
sie rennt weg		sie versteckt sich	
sie macht		sie findet	
sie wartet		sie sitzt	

5. Trage auch diese Tunwörter in die Wörterliste ein.

Wir reimen

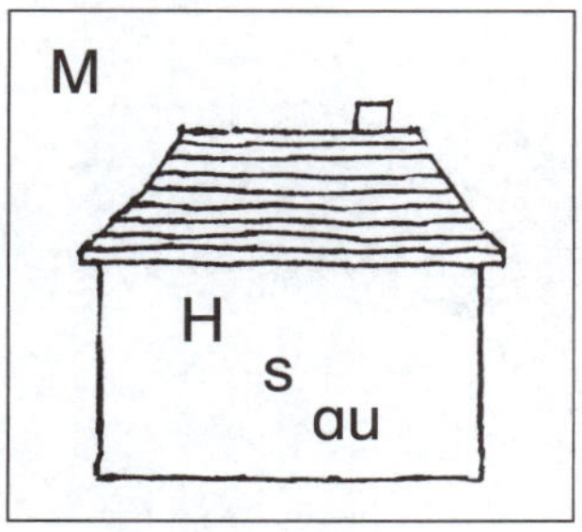

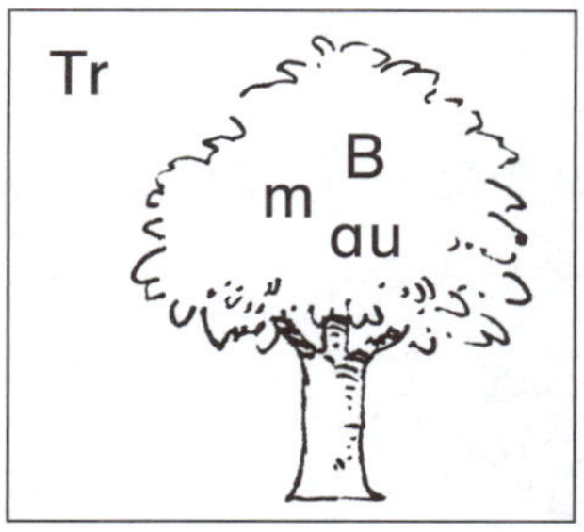

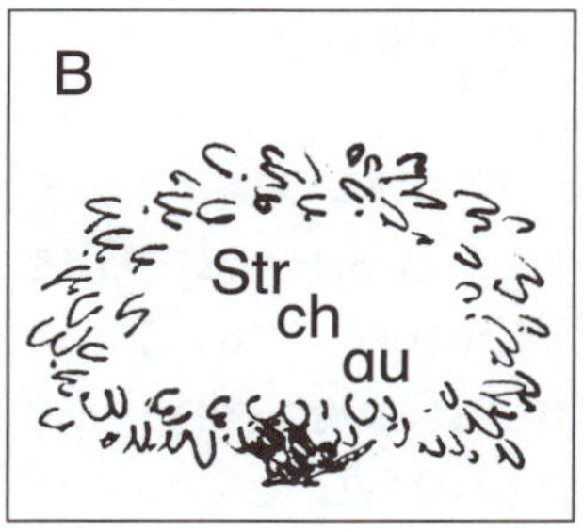

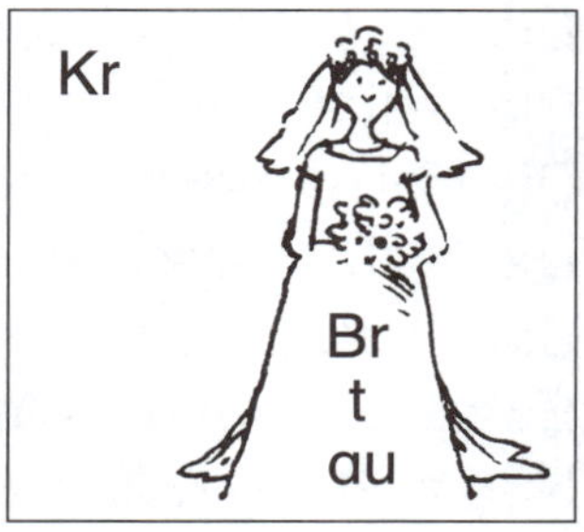

1. Wie heißen die Reimwörter? Schreibe sie in der Einzahl und in der Mehrzahl. Vergiss den Begleiter nicht.

Verwandte Wörter

1. Verbinde die verwandten Wörter miteinander.

2. Schreibe die Namenwörter untereinander und schreibe dann das verwandte Tunwort daneben.

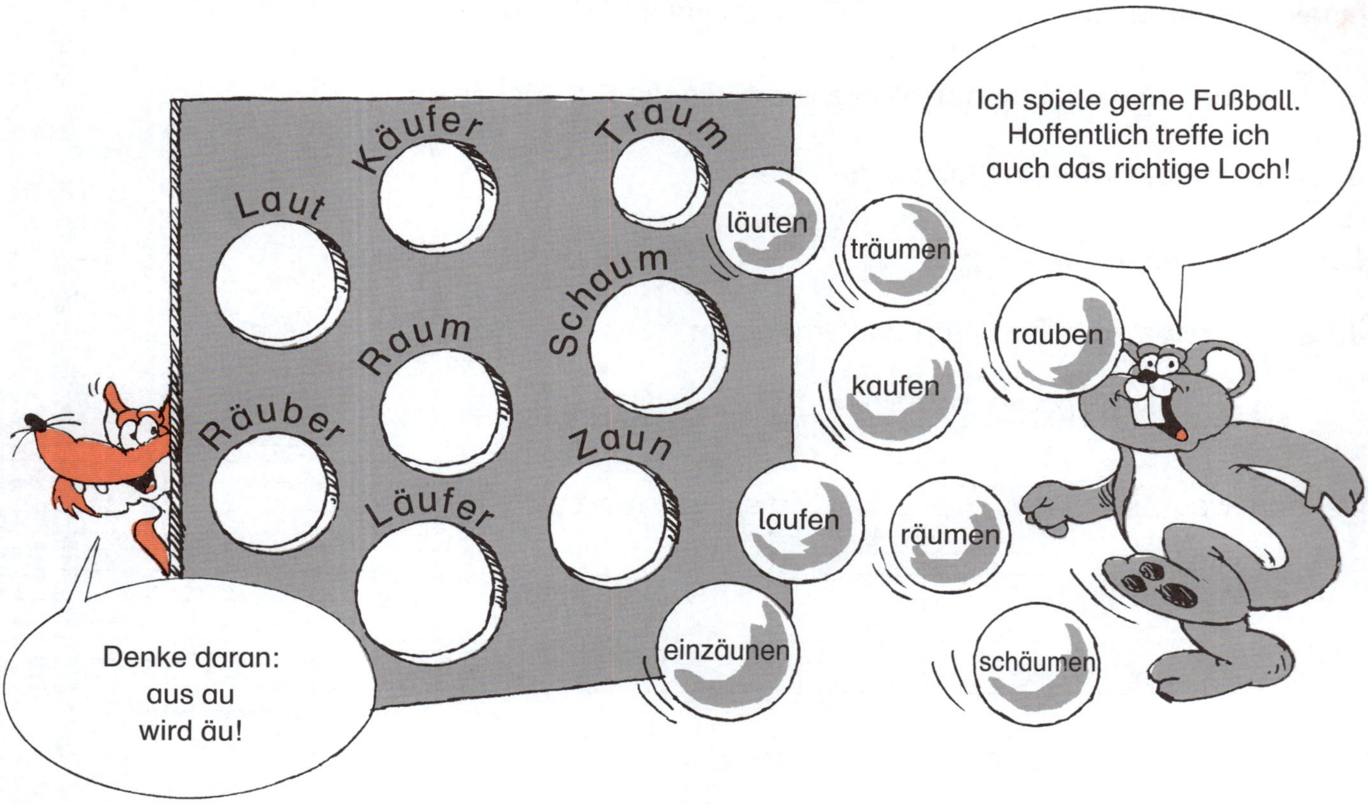

1. Trage die Lernwörter ein.	2. Ordne die Wörter aus Spalte 3 richtig zu.	3. Verwandte Wörter, die du in Spalte 2 zuordnen kannst.
		Strauch
		Mausefalle
		Katzenfutter
		vorbeirennen
		Versteck
		Fundbüro
		Schwindsucht
		Löcher
		Zaunlatten
		Satzanfang
		Autositz
		zumachen
		Laufbahn
		Tannenbäume
		Läufer
		warten

Auf der Weide

Auf der Weide sind einige Schweine.
Auch ein Esel ist dabei.
Er hat ein weiches Maul.
Der Bauer hält ihn am Seil.
Sein Sohn darf auf dem Esel reiten.
Er hat keine Angst.
Er ruft: „Lauf mein Eselchen!“

1. Unterstreiche die Wörter, in denen du ein (ei) findest.

Auch ei (Ei)
ist ein Zwielaut!

Na, klar!
Das habe ich mir
schon gedacht.

2. Trage diese Wörter als Lernwörter in die erste Spalte der Wörterliste ein.

Auf der .

Auf der sind .

Auch Esel ist .

Er hat Maul.

Der Bauer hält ihn am .

Sohn darf auf dem Esel .

Er hat Angst.

Er ruft: „Lauf Eselchen!“

3. Trage die fehlenden Wörter in den Text ein.

Achte auf die Buchstabenlängen bei der Geheimschrift!

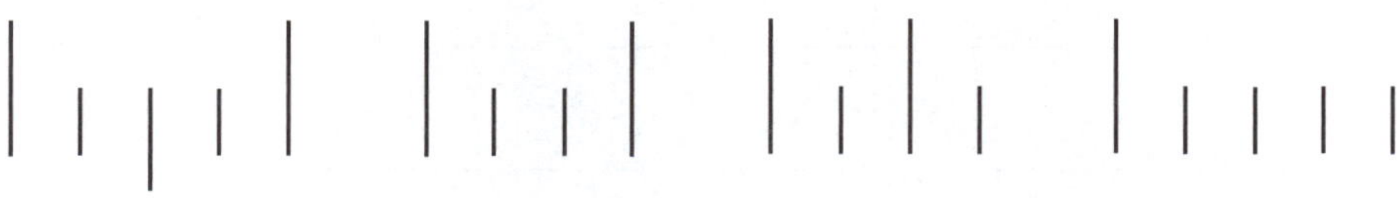

4. Suche aus dem Text die Wörter, die zu den Buchstabenlängen passen und schreibe sie unter die Geheimschrift. Trage diese Wörter auch in die Wörterliste ein.

Auf der Weide

EIN ESEL IST AUF DER WEIDE.
SEIN MAUL IST GANZ WEICH.
DER BAUER HÄLT IHN AM SEIL FEST.
HEINER DARF AUF DEM ESEL REITEN.
ER HAT KEINE ANGST.

1. Schreibe den Text ab. Achte auf die Anfangsbuchstaben.

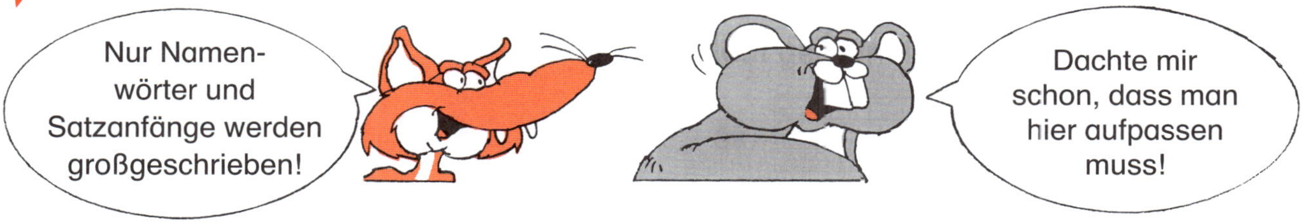

Reimwörter

2. Schreibe das Reimwort unter das angegebene Wort.

Heide	reich	Pfeil	streiten	
W	w	S	r	

rein	Reiter	Leine	Feile	Speise
f	L	St	Z	R
k	Str	B	T	M
m	Gl	Schw	S	Gl
s				l

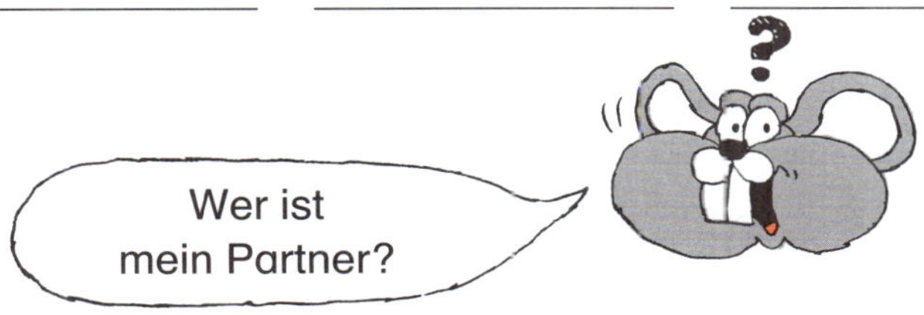

3. Lass dir den Text von deinem Partner diktieren.

1. Trage die Lernwörter ein.	2. Ordne die Wörter aus Spalte 3 richtig zu.	3. Verwandte Wörter, die du in Spalte 2 zuordnen kannst.
		Weidezaun
		einmal
		weich gekochtes Ei
		Reitpferd
		ängstlich
		Bauernhof
		du darfst
		festhalten
		dabei sein
		Schweinestall
		keinmal
		Schwiegersohn
		wir rufen
		Eselchen
		fertig sein
		Maulkorb
		Einigkeit
		Seilbahn

Die Beule

Jan heult laut. Sein Freund eilt herbei.
Jan deutet auf seinen Kopf. Dort hat er eine große Beule.
Er ist aus der neuen Schaukel gefallen.
Das war eine kurze Freude.

1. Unterstreiche die Wörter mit **eu**.
Trage sie in die Wörterliste ein.

Wie heißt das Wort?

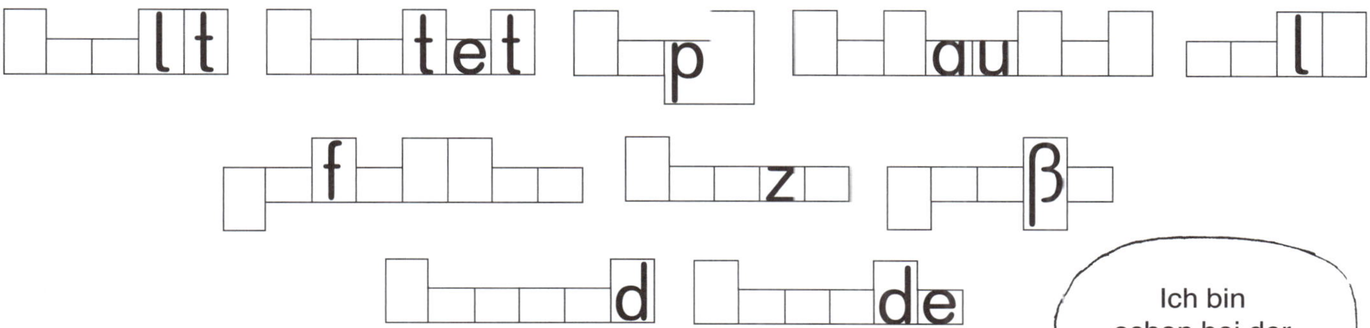

2. Schreibe die Wörter in die Wortrahmen.
Du findest die Wörter im Text.
Trage sie auch in die Wörterliste ein.

Hier fehlen Wörter im Text!

Jan ist aus der ________ Schaukel ________ .

Er ________ laut. Er hat eine ________ ________

am Kopf. Sein ________ eilt herbei.

Jan ________ auf seinen Kopf.

Sein Freund …

3. Trage die fehlenden Wörter in den Text ein.

4. Wie könnte die Geschichte weitergehen? Denke dir einen Schluss aus.
Schreibe die Geschichte mit dem Schluss in dein Heft.

Namenwörter wachsen zusammen

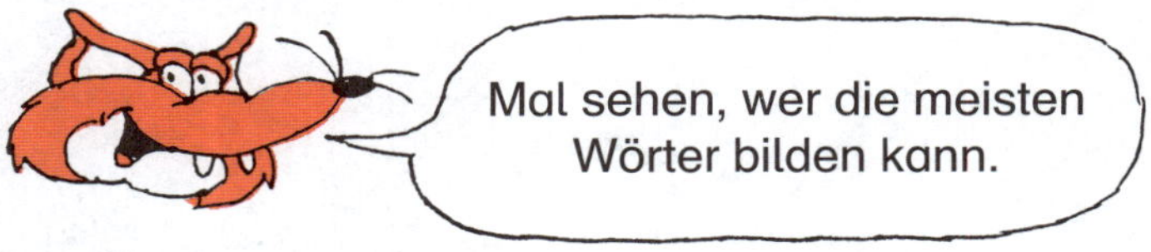

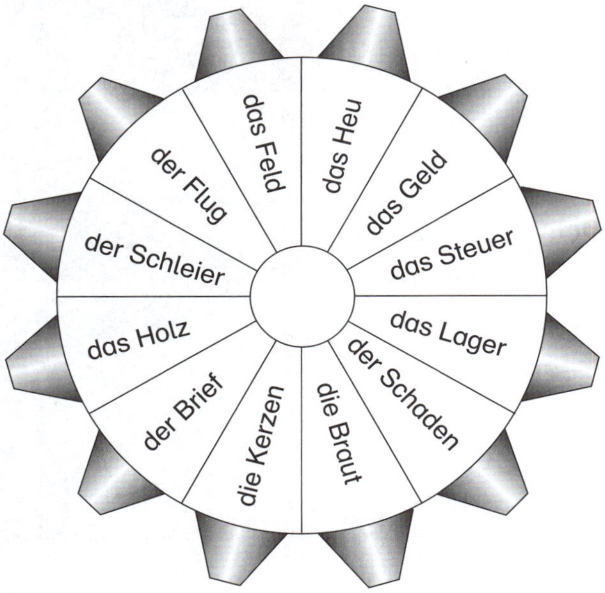

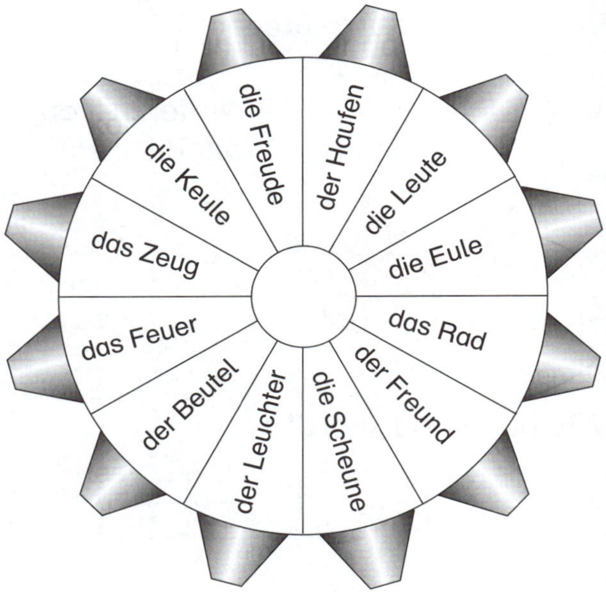

1. Ein Wort aus dem linken Zahnrad kann mit einem Wort aus dem rechten Zahnrad zusammenwachsen. Schreibe möglichst viele zusammengesetzte Namenwörter. Vergiss den Begleiter nicht.

Wortfamilie „Feuer“

2. Schreibe die Wörter, die mit „Feuer“ zusammenwachsen.

Stein Oster Zeug Kohlen Melder Wehr Löscher Werk Schein Holz Anzünder Lager

1. Trage die Lernwörter ein.	2. Ordne die Wörter aus Spalte 3 richtig zu.	3. Verwandte Wörter, die du in Spalte 2 zuordnen kannst.
		Schaukelstuhl
		Autobeule
		eilig
		Freundschaft
		Kürze
		neulich
		Vorfreude
		Größe
		bedeuten
		er gefällt mir
		Geheule
		Kopftuch

Was ist da?

„Ich zeige dir mein Haus im Baum“,
sagt Heiner zu seiner Freundin.
Tina freut sich und meint: „Das ist fein.“
Sie steigen auf die Leiter.
Plötzlich bleibt Heiner stehen.
Er hört etwas. „Wer ist da im Baumhaus?“,
fragt er und greift zwischen die Zweige.

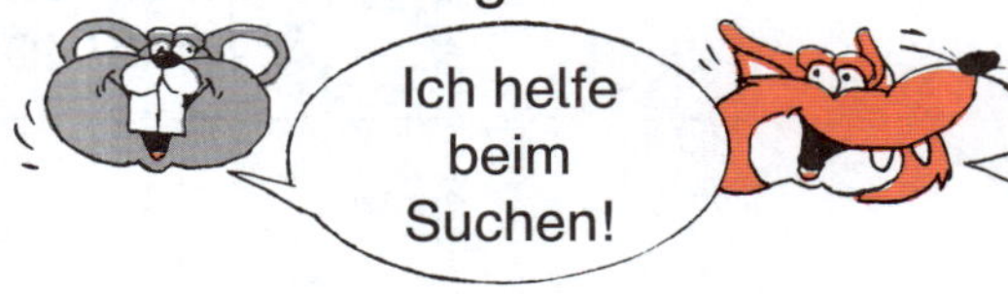

1. Unterstreiche die Wörter mit **au**, **ei** und **eu**.

au ___

eu ___

ei ___

ei ___

ei ___

2. Schreibe die Wörter nach **au**, **eu** und **ei** geordnet ab.

3. Schreibe die Geschichte ab. Denke dir einen Schlusssatz aus. Wer könnte da im Baumhaus gewesen sein? Vielleicht entdeckst du etwas im Bild.

Was ist da?

4. Trage die fehlenden Wörter in den Text ein. Schreibe sie auch als Lernwörter in die Wortliste.

„Ich ___ dir ___ H___ im B___“,

sagt ___ zu ___ ___.

Tina ___ sich und ___: „Das ist ___.“

Sie ___ auf die ___.

Plötzlich ___ ___ stehen.

Er hört etwas. „Wer ist da im ___?“,

fragt er und ___ zwischen die ___.

Silben zusammensetzen

	~~Eu~~	er
	Ei	beit
	Au	~~le~~
	Ar	ge

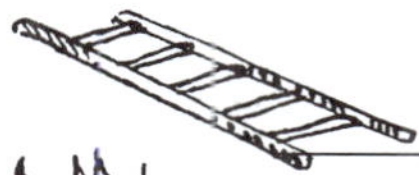	Lei	er
	Feu	ge
	Au	ter
	Gei	to

	schrei	en
	freu	ben
	lau	nen
	schei	fen

	kau	ten
	wei	en
	bau	fen
	rei	nen

1. Verbinde die passenden Silben zu Namenwörtern und Tunwörtern.

2. Schreibe die Wörter auf.

Eule,

3. Schreibe die Wörter nach Zwielauten geordnet in dein Heft.
Au / au, Eu / eu, Ei / ei

4. Suche aus dem Wörterbuch andere Wörter mit Zwielauten heraus und schreibe sie in dein Heft.

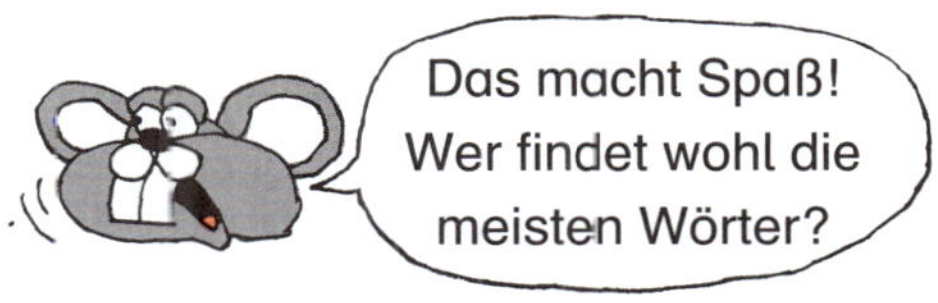

1. Trage die Lernwörter ein.	2. Ordne die Wörter aus Spalte 3 richtig zu.	3. Verwandte Wörter, die du in Spalte 2 zuordnen kannst.
		bleiben
		Meinung
		Hochhaus
		Baumstamm
		Heinrich
		Freundschaft
		meinerseits
		Bergsteiger
		verzweigen
		Zeigefinger
		begreifen
		Haustür
		seine Meinung
		wir freuen uns
		Feinkost
		Feuerleiter

Ein Sommertag im Schwimmbad

1. Unterstreiche in den Sätzen die Wörter mit **mm**, **ll**, **ss**, **nn.**

2. Schreibe die Wörter mit dem doppelten Mitlaut geordnet auf.

mm

mm

ll

ss

nn

3. Schreibe mit den Sätzen eine Geschichte. Du kannst die Reihenfolge der Sätze selbst bestimmen.

Die Kinder rufen: „

Zusammengesetzte Namenwörter

4. Die Wörter wachsen mit „**Sommer**“ zusammen. Bilde Namenwörter.

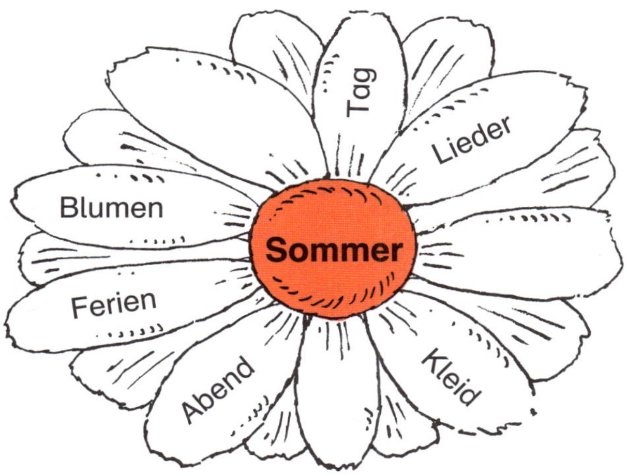

Im Schwimmbad

Britta kann tief tauchen.

Die Mutter spielt mit den Kindern Ball.

Klaus schwimmt auf dem Rücken.

Susi und Ole fassen sich an und rennen durch das Wasser.

Laura und Lorenz schwimmen um die Wette.

Viele Kinder liegen in der Sonne und lassen sich braun brennen.

Hans taucht bis zur Mitte.

Unterstreiche in den Sätzen die Wörter mit tt, ll, nn, mm, ss!

Nimm aber das Lineal und den Bleistift dazu!

1. Schreibe die Wörter mit dem doppelten Mitlaut geordnet nach ll, mm, ss, tt, nn in dein Heft.

2. Trage diese Wörter als Lernwörter in die erste Spalte der Wörterliste ein.

3. Schreibe mit den Sätzen eine Geschichte.
Denke dir eine Überschrift für deine Geschichte aus.

4. Schreibe möglichst viele Namenwörter, die mit „**Schwimm**" zusammengewachsen sind.

Im Schwimmbad

Ole und Lisa ______ / um die Wette.

Lorenz und Ute spielen / mit dem ______ / im ______ .

Susi und Peter ______ sich an / und ______ ins Wasser.

Sie lassen sich ______ / und lachen.

Britta ______ / durch einen Reifen.

1. Trage die fehlenden Wörter ein.

fallen, rennen, schwimmen, taucht, fassen, Ball, Wasser

2. Diktiere deinem Partner die Sätze bis zu den Diktierstrichen.

Reime

Werner sitzt in der **Tonne**.

Ich sitze in der **S**______.

Klaus holt die **Butter**.

Hans holt die **M**______.

Saft fließt aus der **Kanne**.

Wasser fließt aus der **W**______.

Das Schaf spielt im **Stall**.

Ole spielt mit dem **B**______.

Fritz mag keine **Suppe**.

Jens mag keine **P**______.

Walter holt Kai aus der **Klasse**.

Susi holt Wasser in der **T**______.

3. Schreibe die Reimwörter.

Reimwörter

Kamm	Pfanne	Puppe	Kutter	Stille
L	W	S	M	Br
D	T	Gr	B	W
Gr	K	Tr	F	P

4. Schreibe die Reimwörter.

Gute Nacht!

◯ Da schläft das Kind im Bett ein.

◯ Das Kind liegt im Bett.

◯ Die Mutter singt ein Lied für das Kind.

◯ Das Kind kann nicht schlafen.

1. Bringe die Sätze in die richtige Reihenfolge. Nummeriere sie.
2. Schreibe die Sätze in der richtigen Reihenfolge in dein Heft.

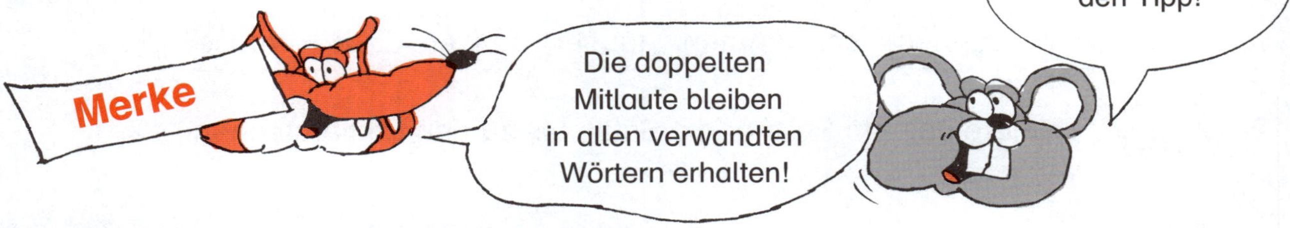

Hier sind Namenwort und Tunwort verwandt

die Rolle	–	ro ___ ___ en	der K ___ ___ ___	–	kämmen
der Fall	–	fa ___ ___ en	die W ___ ___ ___ ___	–	wetten
der Retter	–	re ___ ___ en	der G ___ ___ ___ ___	–	grillen
das Futter	–	fü ___ ___ ern	der Sch ___ ___ ___	–	schallen
der Knall	–	kna ___ ___ en	der G ___ ___ ___ ___ ___	–	gewinnen

3. Ergänze die fehlenden Buchstaben.

Der Traum

Die Mutter ist traurig und weint.

Die Sterne rennen fort.

Das Bett rollt zum Himmel hinauf.

Da fällt das Kind aus dem Bett und wacht auf.

Das Bett rollt an der Decke entlang.

Das Kind träumt in seinem Bett.

Das Bett rollt an der Wand hoch.

Das Bett rollt aus dem Fenster.

Die Sonne lacht laut.

Der Mond rennt fort.

Das macht Spaß!

Das Kind brüllt: „Ich will nicht mehr!“

4. Schreibe die Geschichte auf.
Die Reihenfolge der Sätze kannst du selbst bestimmen.
Du kannst auch Sätze weglassen. Schreibe einen Satz als Schluss.

1. Trage die Lernwörter ein.	2. Ordne die Wörter aus Spalte 3 richtig zu.	3. Verwandte Wörter, die du in Spalte 2 zuordnen kannst.
		Muttertag
		können
		verlassen
		mittendrin
		Wettschwimmen
		wetten
		wegrennen
		Wasserfall
		Sonnenschein
		anfassen
		Schwimmbad
		er lässt
		Ballspiel
		Brennofen

Winterzeit

Tief liegt der Schnee auf Feldern und Wiesen.
Die Tiere frieren und hungern.
Wir bringen ihnen Körner, Nüsse, Rüben und Heu.

1. Kreise die Wörter mit (ie) ein. Schreibe sie als Lernwörter in die erste Spalte deiner Wörterliste.

___

___ ___ der Schnee auf ___ und ___. Die ___ ___ und hungern.
Wir ___ ihnen ___, ___, ___ und ___.

2. Trage die fehlenden Wörter in den Text ein.

Wer kommt an die Futterstelle?

Ein ___ kommt an die Futterstelle.

Ein ___
___

Ein ___
___

Ein ___
___

Ein ___
___

3. Schreibe Sätze neben das Bild. Das Beispiel hilft dir.

Die kleine Liese

1. Mitten auf der Wiese
sitzt die kleine Liese
im grünen, grünen Gras.

2. Sie träumt sich sacht in Schlummer,
da kommt ein großer Brummer
und fliegt ihr auf die Nas'.

3. „Weg, weg, du alter Brummer!
Störst mich in meinem Schlummer.
Willst weg! Was soll denn das?"

4. Der Brummer brummt gemütlich:
„Ach Lieschen, sei doch friedlich!
Ich mache ja nur Spaß."

Die kleine Liese von E. Weber *

1. Kreise die Wörter mit (ie) ein.

2. Übermale die beiden Wörter, die sich reimen, jeweils mit der gleichen Farbe. Du brauchst 6 Farben.

Reimen macht Spaß!

3. Setze die Reimwörter ein.

Spiel	Dieb	Ziege	Stier	Liese
Z	S	W	B	W
St	Tr	Fl	T	R

wiegen	gießen	zieren	schieben	zielen
l	fl	schm	l	sch
s	sch	fr	s	sp

* aus: Lesestoffe für die ersten Grundschuljahre, Heft 3
„Die wunderschöne Sommerzeit", 2. Auflage,
Loewes Verlag, Bindlach

Namenwörter mit ie

1 

2 

3 

4 

5

5 v

1>

2 >

3 >

E

4 >

9 v

6 >

I

E

7 >

8 >

6 

7 

8 

9

10 

11 

12 

13

13 v

10 >

I

E

11 >

12 >

1. Schreibe die Namenwörter in Großbuchstaben in die Kreuzworträtsel.
So erfährst du die Lösungsworte **5**, **9**, **13**.

Ich weiß nicht, wie die Wörter geschrieben werden.

Die Wörter unten auf dieser Seite helfen dir.

Stiefel	**Spiegel**	**Ziege**	**Brief**
	Sieb	**Bier**	**Spiel**
	Biene	**Dieb**	**Wiege**

Wörterliste: Winterzeit

1. Trage die Lernwörter ein.	2. Ordne die Wörter aus Spalte 3 richtig zu.	3. Verwandte Wörter, die du in Spalte 2 zuordnen kannst.
		Vertiefung
		Rübenzucker
		erfrieren
		Heuhaufen
		Haselnüsse
		Sommerzeit
		Kartoffelfeld
		verbringen
		Wiesenblumen
		Getreidekörner
		wir liegen
		Zootiere

Lernwörter – geordnet nach dem Alphabet

Übe jeweils fünf Wörter als Selbstdiktat!

A / a
Angst, die
Ängste, die
Apfel, der
Äpfel, die
Ast, der
Äste, die

B / b
Ball, der
Bälle, die
Bauer, der
Baum, der
Bäume, die
bedanken
danken
besonders
bewerfen
werfen
Beute, die
Bild, das
bleiben
bleibt
blühen
blüht
Birne, die
brennen
brennt
bringen
bringt
Britta
Butter, die

C / c
Christ, der

D / d
dabei
Dame, die
Dank, der
danken
darf
Dieter
Dorf, das
Dörfer, die
dort
Drachen, der/die

E / e
eilt
ein
einige
einmal
enthalten
Erde, die
ernten
erntet
Erntekranz, der
erste
Esel, der/die

F / f
Faden, der
Fäden, die
fahren
fährt
fallen
fällt
fassen
fasst
feiern
feiert
fein
finden
findet
Frau, die
Feld, das
Freude, die
Freund, der
Freundin, die
freuen
freut sich
frieren
friert
Frühbeet, das
Frühling, der

G / g
Garten, der
Gärten, die
gefallen
fallen
gelernt
lernen
gießen
gießt
graben
gräbt
greifen
greift
große
Geschichte, die
Gesicht, das
gespielt
spielen

H / h
Haus, das
Häuser, die
Hausdächer, die
Heiner
Heu, das
heulen
heult
heute
Honig, der

I / i
Igel, der/die

J / j
Januar, der

K / k
kann
Katze, die
Kerze, die
keine
Kind, das
Klasse, die
Klassenbuch, das
klingeln
klingelt
knusprig
Kopf, der
Köpfe, die
Korb, der
Körbe, die
kräftig
kurz

L / l
lachen
lacht
Laden, der
Läden, die
lassen
lässt
ließ
laufen
läuft
Lehrerin, die
legen
legten
lehnen
lehnten
Leiter, die
liegen
liegt
Loch, das
Löcher, die

M / m
machen
macht
Mann, der
Männer, die
Maul, das
Mäuler, die
Maus, die
Mäuse, die
mehr
mein
meinen
meint
Mitte, die
Monster, das
müssen
muss
musste
Mutter, die
Mütter, die

N / n
Nacht, die
Nächte, die
noch
Nuss, die
Nüsse, die

O / o
Obst, das
Obsternte, die
oft
Oktober, der
Osterglocke, die

P / p
Paar, das
paar
Paket, das
Päckchen, das
packen
packt
Paula
pflücken
pflückt
plötzlich
Polster, das/die
Postbote, der
prima
Puppe, die
Puppenhaus, das
pusten
pustet

R / r
Regen
rennen
rennt
reiten
reitet
Rollstuhl, der
rote
Rübe, die
rufen
ruft

S / s
saftig
sammeln
sammelt
säen
sät
Satz, der
Sätze, die
Schaukel, die
Schnee, der
schneien
schneit
schreiben
schreibt
Schuljahr, das
Schwein, das
Schweine, die
schwimmen
schwimmt
sehr
Seil, das
sein
seiner
seit (gestern)
sitzen
sitzt
Sohn, der
Söhne, die
Sonne, die
Sonnenblume, die
Spitze, die
spielen
spielt
Sportunterricht, der
sprechen
spricht
stehen
stand
steht
steigen
steigt
Straße, die
Strauch, der
Sträucher, die
Stroh, das

T / t
Tag, der
tief
Tier, das
Tomate, die
Tomaten, die
Tomatenpflanze, die
Toni
Tanne, die
tragen
trägt
traurig
trocken
Tropfen, der/die
Tulpe, die

U / u
über
unsere

V / v
verschwinden
schwinden
verstecken
stecken

W / w
warm
warten
Wasser, das
wegrennen
rennen
weich
Weide, die
weiß
Wetter, das
Wiese, die
Winterzeit, die
wird
wollen
will

Z / z
Zahn, der
Zähne, die
Zaun, der
Zäune, die
zeigen
zeigt
Zweig, der